AF267690

8.O³ V 44

ABOU NADDARA
À
STAMBOUL
PRIME DU JOURNAL D'ABOU NADDARA
6. RUE GEOFFROY-MARIE, PAR

Alfred LEMAITRE

ABOU NADDARA a STAMBOUL

PRÉFACE

PAR

M. ÉDOUARD LE ROY

Député de la Réunion

ILLUSTRATIONS DE PÉPIN

DEPOT LEGAL
Seine
N° 1170
1892

PARIS

IMPRIMERIE ADMINISTRATIVE ET COMMERCIALE DE LEFEBVRE

76-78, PASSAGE DU CAIRE, 87-89

1892

[illegible]

[illegible]

[illegible]

[illegible]

[illegible]

[illegible]

[illegible]

[illegible]

A S. M. I. le Sultan ABD-UL-HAMID KHAN
ODE ARABE

سعد الرعية سعده يا ما مها · عبد الحميد ابي الفتوح حماها

طلق المحيا اعطى رق الجانب · وله المعالي تنتمي ليزينها

الكفت مقاليد الامور بيده · فسمت سياسته معا رج حسنها

وقد استقل بكل نهج اقوم · وبعدله سحر القلوب بامرها

دستور الانصاف اما خصاله · هذا له الحكم من نوزها

والمجد مخرا قد سماه العادل · وكل تقوى على الكريم جميلها

اعز دين الله واعلى قدره · واحمدى الرعية بالعلوم وسرها

ولم يؤل جهد اليث مصالح · او طلب نفع كي بلى بسرورها

لا امر يصد رقبل طول تفاوض · فجر وكم من شيمه قد نزلها

ولم يثقل للرعية بالمنا ئب كاهلا لا تستطيع لحملها

ولذا تمكن حبه من قلبها · وكادت تنظر لظلام من فرحها

وارباب دولته على سواله · نسمت تجاذ بها اعنة امرها

فلا لنزيغ قد يميل ولا المـ · الحق نيلم قدرها و ذمامها

وحسني زارة السير استقل ضها · كل القضا و جرى بالت بمدحها

فلال عثمان المختار سيد · نالت على يده ثبتت عما دها

PRÉFACE

C'est une physionomie toute parisienne — disons mieux — toute française, que celle du cheikh Abou Naddara, l'intrépide défenseur de l'Égypte. Il a su mettre au service de la plus juste des causes ces qualités éminemment françaises : l'esprit, le bon sens, la bravoure. Elles l'ont fait connaître en Europe et rendu populaire chez nous. Tant de souvenirs, de traditions, de sympathies, d'intérêts nous rattachent au peuple Égyptien, que le champion de son indépendance ne pouvait manquer de conquérir nos cœurs, en se faisant l'interprète de ses douleurs et de ses espérances.

Il y a trente-cinq ans bientôt qu'Abou Naddara soutient le bon combat contre l'influence néfaste des Anglais en Orient. Nul n'a mieux pénétré les secrets de cette politique sans scrupules, pour laquelle tous les moyens sont bons ; nul n'a percé à jour et stigmatisé avec plus de courage ces procédés indignes d'une nation civilisée : intrigues, menées ténébreuses, intimidation et basse flatterie, ruses et violences, tromperie et corruption par l'argent, l'Angleterre a tout employé dans le Levant, comme ailleurs, pour satisfaire sa rapacité et asseoir sa domination mercantile.

Quand l'action des guinées, largement répandues, n'opérait pas assez vite au gré des convoitises britanniques, on avait recours à des moyens plus énergiques et plus expéditifs : une sédition fomentée avec art, une révolte savamment organisée fournissait le prétexte voulu pour justifier une intervention à main armée dans les affaires du pays, ainsi troublé systématiquement ; au besoin, un massacre, habilement préparé, venait simplifier les choses et faire voir dans toute sa beauté la philanthropie d'Outre-Manche, car chacun sait que nos voisins n'agissent que dans un but d'humanité quand ils se décident à occuper les contrées les plus fertiles et les plus riches ; c'est dans l'intérêt et pour la moralisation des peuples inférieurs, qu'ils les subjuguent et les spolient, au mépris de tous les principes du droit des gens !

Cette histoire est, hélas ! celle de l'Égypte, de cette Égypte infortunée, que des agissements inavouables avaient minée et travaillée de longue main, avant d'aboutir au bombardement d'Alexandrie et à la prise de possession ouverte. C'est pour avoir dénoncé les projets de l'Angleterre, pour avoir flétri la corruption et l'intrigue, pour avoir prédit l'acte de brigandage de l'envahissement, qu'Abou Naddara est aujourd'hui en exil !

Lorsque, par des connivences achetées à beaux deniers comptants, John Bull se fut rendu maître de la place, avant même d'y installer ses soldats, il exigea impérieusement l'expulsion du pamphlétaire incommode dont tout le crime était d'avoir vu clair et d'avoir osé dire ce qu'il voyait ; quand ceux qui auraient dû, les premiers, apercevoir le péril fermaient les yeux à l'évidence !.....

Les usurpateurs hypocrites pensaient réduire leur adversaire au silence; ils purent bientôt se convaincre de leur erreur. Loin de désarmer, loin de se laisser abattre par la proscription, la verve du patriote égyptien en devient plus redoutable. De Paris, où il s'est établi, il continue la lutte pour la sainte cause de l'affranchissement de son pays. L'arme qu'il manie est celle de la satire vengeresse, ressource suprême du droit impérissable contre les succès passagers de la force.

Par la plume et par le crayon (car il est aussi bon caricaturiste qu'écrivain de talent), il attaque, il pique, il harcèle l'ennemi, sans lui laisser ni trève ni repos. Cette guérilla dure depuis plus de 15 ans ! Périodiquement se fait entendre l'infatigable et mordante protestation contre les abus, les hontes et les crimes de l'occupation qui écrase et ruine la pauvre Égypte. Écrit en arabe et en français, le journal d'Abou Naddara va réconforter les malheureux qu'opprime la tyrannie anglo-saxonne : c'est le *Mane, Thecel, Pharès*, auquel ne peuvent échapper les conquérants de la terre des Pharaons. Aussi rien n'égale leur fureur contre le trouble-fête qui ose les narguer et les braver en face; ils redoutent comme la peste sa vaillante petite feuille : la vente, la lecture même en est interdite sur tout le territoire égyptien ; l'indigène qui est surpris la distribuant ou la lisant, est immédiatement appréhendé au corps et jeté en prison! Voilà comment ces libres insulaires respectent la liberté! Mais ils ont beau traquer et saisir la feuille importune, elle passe au nez et à la barbe des policiers d'Albion, elle circule et pénètre partout, partout elle entretient la haine de l'étranger odieux et l'espoir de la délivrance.

La délivrance! Elle viendra tôt ou tard, mais ce qui peut, plus que tout le reste, la hâter et la faciliter, c'est l'accord de la France et de la Turquie, alliées et protectrices naturelles de l'Egypte. Par ses écrits et sa propagande, Abou Naddara a toujours travaillé à rendre plus intime l'amitié séculaire qui lie les deux nations si bien faites pour rapprocher les civilisations orientale et occidentale. Son programme est des plus simples : en Europe, il fait connaître les vérités du Coran ; sur les rives du Bosphore, il dévoile les beautés sublimes de l'Evangile. Il s'attache à réfuter les erreurs et les préjugés qui règnent chez les chrétiens au sujet de l'Islam et chez les musulmans à l'égard du christianisme. Quelle plus noble entreprise que celle-là ? Quel effort plus louable que celui qui consiste à se faire parmi les hommes l'apôtre de la tolérance religieuse ? C'est en leur montrant ce qu'il y a de salutaire dans leurs livres sacrés, en les habituant à y voir ce qu'ils sont en réalité — les codes de la morale universelle — qu'on arrive à désarmer les haines farouches qui ont fait, hélas! couler tant de sang, qui en feraient couler encore, si les esprits supérieurs ne s'interposaient en pacificateurs pour prévenir le choc des passions ignorantes et aveugles.

Le voyage qu'Abou Naddara vient d'effectuer à Constantinople, et dont on lira plus loin le captivant récit, se rattache à la mission humanitaire et patriotique qu'il s'est donnée à lui-même. A son retour, il recevait des princes musulmans d'Afrique et d'Asie des lettres de félicitations qui peuvent se résumer dans cette phrase :

« Nous t'aimons parce que tu nous fais aimer par les généreux enfants de la puissance amie (la France) ».

L'accueil si bienveillant et si flatteur que lui a fait le Sultan lui a communiqué des forces nouvelles pour continuer son œuvre; il l'autorisait à dire, en s'adressant au jeune Khédive : « Tourne les yeux vers Stamboul, car hors du Califat il n'y a pas de salut pour nous ! ». C'est la vérité même, et l'on peut espérer que le conseil sera suivi par Abbas, qui a déjà donné des preuves de sens politique : entre l'envahisseur qui exploite son royaume et le suzerain qui de loin le protège, son choix ne saurait être douteux. Le résultat que tous les amis désintéressés de l'Égypte appellent de leurs vœux est désormais une affaire de temps.

Le rôle de la France, pour aider à ce dénoûment inévitable, restera conforme à sa tradition historique. C'est en vain qu'une mesquine et jalouse rivalité essaye de lui ravir la haute et légitime influence que lui assurent dans la vallée du Nil des services et des bienfaits incomparables : jamais elle n'abdiquera le patronage moral et intellectuel, fondé sur la reconnaissance d'un peuple dont elle a été l'éducatrice et qu'elle a initié à tous les progrès ; l'Égypte est, elle restera, jusqu'à l'heure prochaine de son affranchissement, notre plus grande douleur nationale, — après l'Alsace-Lorraine. En dépit des fanfaronnades cyniques, nous conservons une foi inébranlable dans le triomphe final du droit, cette force supérieure à la force : il vaincra au pied des Pyramides comme sur le Rhin !

Ed. LE ROY.

Paris, Mars 1892.

ABOU-NADDARA

à

STAMBOUL

Mon ami Ahmed et moi nous flânions un beau soir, devisant de choses
et d'autres, non loin du Jardin de l'Ebezkieh, vers lequel nous nous diri-
gions, lorsqu'un petit crieur de journaux, gamin de dix ans à peine et qui
s'époumonait à vociférer en courant : « Bosphore! Bosphore! » (c'est le nom
de la principale feuille française du Caire) passa près de nous et, apercevant
mon effendi, se campa devant lui en disant :

— Ramdan?

— Aïoua! répondit Ahmed en tendant une pièce blanche à l'enfant, qui
lui glissa aussitôt dans la poche de son pardessus une feuille de papier, un
imprimé à ce que je vis au passage, qu'il venait de tirer prestement d'un sac
dissimulé sous sa longue tunique flottante. Et nous reprîmes notre marche,
moi très intrigué de cette petite scène, qu'Ahmed semblait trouver la chose
la plus naturelle du monde.

Il me faut dire qu'à cette époque je commençais à m'intéresser vivement
à l'étude de l'arabe, la plus belle et la plus riche des langues à mon avis, et
chaque mot que j'entendais à droite et à gauche me faisait dresser l'oreille
malgré moi. — Si j'en ignorais le sens, je le casais dans un coin de ma
mémoire pour en demander la traduction sitôt que faire se pourrait.

Ce n'était pas le cas à propos de ce vocable *ramdan* que je savais signi-
fier quelque chose comme « avez-vous mal aux yeux? ».

A quel sujet cette question baroque posée à brûle-pourpoint et suivie
d'une réponse affirmative?

« Ah ça! mon cher Ahmed, m'écriai-je, voulez-vous me donner la clef de cette
charade? Un gamin vous demande si vous avez mal aux yeux et je vous entends
dire oui! à vous qui, pas plus tard qu'hier, déclariez au théâtre, en refusant
de vous servir de mes lorgnettes, que si tous vos compatriotes vous ressem-
blaient, oculistes et opticiens devraient quitter l'Égypte, faute de clientèle! »

Pour toute réponse, Ahmed se mit à rire et, après avoir jeté de tous côtés un regard investigateur, comme s'il craignait la rencontre de quelque ii discret, il sortit de sa poche la feuille que le susdit gamin y avait mise et il me la présenta largement déployée.

C'était le *Journal d'Abou-Naddara*, dont je me souvins aussitôt d'avoir vu une série de dessins à légendes reproduits, il y a quelques années, dans l'*Illustration* et, quoique à cette époque je ne m'intéressât pas, à beaucoup près, comme à présent aux peuples de l'Islam, je n'en avais pas moins été vraiment frappé de la verve puissante, mise au service d'une bonne cause, que ces esquisses, soulignées de sarcasmes qui portaient droit au but, laissaient deviner chez le patriote Egyptien!

Et voilà le mystère expliqué! fit Ahmed en remettant le journal dans sa poche, après l'avoir cette fois soigneusement plié. — Vous voyez quelles précautions nous devons prendre si nous voulons nous réjouir à la lecture du satirique impitoyable, debout et combattant toujours après dix ans d'exil! |Abou Naddara, comme vous ne devriez pas l'ignorer puisque vous aspirez au titre d'arabisant, signifie l'homme aux lunettes, ou plus textuellement celui qui *porte des lunettes*, car ainsi que vous avez pu vous en rendre compte sur son portrait en tête du journal, le cheikh, dont la vue n'est malheureusement pas aussi bonne que la mienne, est obligé souvent d'avoir recours à l'aide des verres grossissants....

Vous comprenez, n'est-ce pas, continua mon ami, qu'aussitôt après la venue de la onzième plaie d'Egypte, je parle des sauterelles rouges, on n'avait plus à espérer que la feuille justicière put pénétrer librement chez nous. Il fallait donc user de subterfuges afin qu'elle nous arrivât et que la vente en fut possible. La liste des stratagèmes employés pour obtenir ce double résultat remplirait un volume, mais en tous cas, vous venez d'être témoin de l'un d'eux et non des moins bien imaginés. Avez-vous mal aux yeux? Si oui, il vous faut des lunettes, et qui mieux qu'Abou Naddara peut vous faire voir clair et loin.

.

J'en étais au début de ma passion pour les choses d'Orient, passion qui depuis n'a fait que croître et embellir, au point de donner lieu de penser à plus d'un de mes amis que je devenais quelque peu monomane.

Eh bien, dussé-je passer définitivement pour tel, je ne me défendrai pas contre ce qualificatif, car je l'avoue, certains pays d'Islam m'attirent de la sorte que je ne me considérerais nullement comme un exilé, si j'étais obligé d'y vivre le reste de mes jours.

J'aime aussi cette religion si simple, si belle, ce Coran, que si peu connaissent parmi nous, et qui ne prêche que la tolérance, la justice, la charité, tandis qu'on nous le représente parfois comme un code de fanatisme, de haine et de luxure..... Aujourd'hui, d'ailleurs, un grand revirement se fait. Le *Livre* des Musulmans traduit enfin sans parti pris, commenté par de nombreux savants, dégagé du fatras d'erreurs et de mensonges grossiers qui s'accumulaient autour de lui depuis des siècles, commence à paraître tel qu'il est aux esprits éclairés de toute la chrétienté.

.·.

Je m'aperçois que je me suis laissé entraîner quelque peu hors de mon sujet et je reviens sans périphrase à ma conversation avec l'excellent Ahmed qui s'arrêta tout à coup au milieu d'une période enthousiaste que lui inspirait Abou Naddara, et s'écria en se frappant le front : « Mais j'y pense, vous avez, n'est-ce pas, l'intention de continuer vos études arabes ?

— Sans aucun doute !

— Eh bien, en ce cas, le cheikh qui habite aujourd'hui Paris, se fera certainement un plaisir de vous donner des leçons, et en quelques mois vous en apprendrez plus avec lui qu'en pâlissant quatre ou cinq ans sur de gros volumes indigestes.

— Vous croyez? Mais je ne le connais nullement votre cheikh ; je ne sais s'il consentira ainsi, de prime abord à.....

— Mon cher, pas un mot de plus à ce propos, interrompit Ahmed ; dès ce soir je lui écris quelques lignes à votre sujet, et je vous garantis une réception cordiale.

.·.

Lorsque je revins à Paris, quatre ou cinq mois plus tard, confiant en la parole d'Ahmed, je m'en allai frapper chez Abou Naddara, qui, prévenu de mon arrivée, m'accueillit de suite en ami, et, dès le lendemain, il exigeait que je me misse au travail, désireux de me voir bientôt en état d'apprécier les chefs-d'œuvre de la littérature arabe, dont il est aujourd'hui l'un des plus dignes représentants.

Et depuis l'époque à laquelle je fais allusion, nos relations continuèrent aussi charmantes qu'instructives pour moi, interrompues seulement par les courses vagabondes que ma fantaisie me pousse à faire un peu partout mais, reprenant régulièrement dès le jour même de mon arrivée dans la capitale. A mon dernier retour (après une absence de plus d'un an), le cheikh en eut long à me raconter; lui aussi avait voyagé, mais son unique excursion à Constantinople, présentait un bien autre intérêt que toutes mes pérégrinations lointaines. Il avait parlé au Sultan, et il remportait des rives du

Bosphore, tout un bagage d'idées originales, d'aperçus nouveaux sur l'état actuel des choses dans le grand empire oriental.

Et les journaux avaient bavardé et les milliers d'amis et d'admirateurs du cheikh lui envoyaient, des quatre coins du monde musulman, lettres après lettres, demandant des détails sur la réception particulièrement flatteuse dont il avait été l'objet, s'enquérant de ceci, de cela, à tel point que le destinataire débordé ne savait plus vraiment où donner de la tête.

Répondre seulement au quart de ces missives était en réalité pour le cheikh, et pour moi, qui de suite m'offrit comme aide, très au-dessus de nos forces, mais afin de satisfaire un tant soit peu cette exigeante curiosité; il fut convenu entre nous que je relaterais le plus brièvement possible les circonstances principales qui appelèrent l'attention sur le voyage d'*Abou Naddara à Stamboul*.

C'est le sujet très simple du présent opuscule.

.·.

Et vraiment l'idée première de ce voyage est née d'une façon étrange. Le cheikh, au mois de mai dernier, fut très impressionné par un rêve qui le hanta deux ou trois nuits de suite et qu'il ne pût s'empêcher de raconter dans son journal, enjolivé de son style si personnel, mélange de naïveté voulue et de pompe orientale.

Voici ce rêve en quelques mots : le cheikh se trouvait transporté à Yldiz-Kiosk, devant le Commandeur des Croyants auquel il exposait les souffrances des Egyptiens, ses frères, et le Calife lui répondait : « Sache que j'aime profondément mon peuple de *là-bas* et que je ferai tout pour le délivrer. »

Ici, nous entrons de plein-pied dans le surnaturel, car ces paroles énergiques lui étaient répétées quelques semaines après par le Sultan lui-même. Maintenant, j'engagerai les incrédules à se rendre à la *Bibliothèque Nationale* où ils trouveront la collection complète de l'*Abou-Naddara*.

Ils pourront, *de visu*, se rendre compte si ce que j'avance n'est pas exact. J'ajoute que, de prime abord, le scepticisme me semble à ce sujet, très excusable. En effet, toutes les particularités qui signalèrent le voyage du cheikh, y sont décrites avec une telle précision, que l'article semble avoir été fait après leur accomplissement.

Mais, comme je viens de le dire, il est facile d'avoir la preuve du contraire et si bizarre parût-elle on doit se rendre à l'évidence.

.·.

Mais je reviens au songe du cheikh. Chacun sait combien les Orientaux attachent d'importance aux troubles mystérieux du sommeil. Ils croient que quelquefois pendant la léthargie du repos, un coin du voile qui nous cache l'avenir est soulevé par la main invisible d'un ange et que celui à qui Dieu fait la grâce de laisser entrevoir une heure du lendemain, ne fut-ce que comme l'apparition fugitive d'un objet illuminé la nuit par la lueur de l'éclair, que celui-là doit regarder sa vision comme un SIGNE de la volonté du Tout-Puissant et se conformer aux ordres que son intelligence lui permet de discerner.

Dans ces conditions, on comprendra l'émoi que ressentit, à la lecture de l'article mystique, tout ce que l'Egypte compte de pieux Musulmans et de sincères patriotes. Les lettres ne tardèrent pas à pleuvoir chez le cheikh exilé, toutes respirant d'ailleurs l'enthousiasme et la foi.

Allez, oh! cheikh, allez! lui disaient ces croyants; vous venez de recevoir un avertissement de Dieu. Allez vous prosterner devant notre Calife, afin qu'il vous assure en personne, de sa constante sollicitude pour ses enfants d'Egypte! Allez voyant! Allez divinateur!

.·.

Ici s'impose une parenthèse, car ces mots de *voyant*, de *divinateur*, semblent vraiment hyperboliques et ceux qui n'en savent pas l'origine ont beau jeu à sourire, même s'ils sont familiers avec la phraséologie des langues orientales. — Cette origine, la voici : lorsque Abou-Naddara dût quitter l'Egypte, un certain nombre d'amis dévoués qui l'avaient acccompagné jusque sur le paquebot, lui demandèrent comme dernière grâce au moment où l'on allait lever l'ancre, une prophétie au sujet du sort de la vieille terre des Pharaons.

Ceci bien entendu, était plutôt dit sur le ton de la plaisanterie, afin d'atténuer un peu la tristesse d'un départ qui, forcément, d'après ses causes que je n'ai pas à rappeler ici, devait être suivi d'une très longue absence,

Et le cheikh leur répondit ces simples mots : « Dans un an, jour pour jour, *celui* qui me force à quitter mon pays, devra prendre à son tour le chemin de *l'étranger*, mais lui, c'est à jamais qu'il sera chassé de la vallée du Nil !..... Au revoir, mes amis !.....

.·.

Douze mois se passèrent et la prédiction était presque oubliée, lorsqu'elle se réalisa de point en point à la grande stupeur de tous, à l'épouvante de quelques-uns, que leur conscience tourmentait. — Dans le délai exact fixé par le proscrit, le Khédive Ismail s'enfuyait honteusement d'Egypte pour n'y plus revenir. Alors une double légende se forma sur le cheikh : les uns le regardant comme *ouali* (homme inspiré de Dieu); les autres le traitant de *metkhaoul* (celui qui fraternise avec le diable); mais tous très convaincus qu'ils sanctifiaient ou anathématisaient une individualité très à part au milieu du commun des mortels.

Lorsque l'on parle de cela devant *l'homme aux lunettes*, il se contente de sourire et répond avec la plus charmante simplicité : « Non ! Non ! Ni inspiré de Dieu, ni frère du Diable, assez bien informé, voilà tout, par mes anciens disciples, qui sont légion aujourd'hui, dans les grandes administrations d'Egypte, dans les ministères et jusqu'auprès du Khédive lui-même..... Ma sorcellerie se réduit donc à bien peu de chose, comme vous voyez »..... Oui, tout cela est ainsi très explicable, certainement, mais on n'en est pas moins forcé d'admirer un homme qui, après des années d'absence, a su se conserver tant de vivantes sympathies, alors que si souvent quelques semaines suffisent pour rompre un attachement que l'on croyait enraciné au plus profond de son être.

Notre cheikh a fait mentir le vieux proverbe : loin des yeux, loin du cœur.

La famille et les amis d'Abou Naddara lui souhaitent bon voyage à la gare de Lyon.

Mais, suivons Abou Naddara sur le vapeur *le Braïla*, à bord duquel il s'est embarqué à Marseille, croyant de son devoir d'essayer, dans la mesure du possible, de donner satisfaction à ses compatriotes suppliants (7 juin 1891).

Le temps est superbe; mer unie comme un lac, ciel sans nuages et baromètre au beau fixe; tout ce qu'il faut pour éloigner momentanément le cortège des idées noires. Et le cheikh sent s'allumer sa verve; il ne peut résister au désir de rimer et griffonne ces quelques vers, vraiment curieux,

si l'on songe que le poète ignora les premiers éléments du français jusqu'à
sa dix-huitième année.

> Nous voici sur la mer immense
> Qui joint la Turquie à la France,
> Son aspect m'ouvre à l'espérance
> L'âme et le cœur.
>
> Elle est calme, c'est bon présage,
> Nous ferons donc un beau voyage,
> Ma Muse, et nous rendrons hommage
> Au grand Seigneur!
>
> Au Commandeur de la victoire,
> Au Sultan couronné de gloire,
> Dont le nom béni dans l'histoire
> S'inscrit en or.
>
> Car Abdul-Hamid ne désire
> Que le bonheur de son empire,
> « Dans tes mains, de l'Égypte, ô Sire,
> Je mets le sort. »
>
> Délivre la de l'Angleterre,
> Qui désole et ruine sa terre;
> D'Osman, le tranchant cimeterre
> La sauvera.
>
> Ce jour là, mon Dieu, quelle fête!
> Du vrai Calife du Prophète,
> Les louanges, chaque poëte,
> Célèbrera.

Pourtant, malgré la poésie, malgré le ciel en fête, Abou Naddara se sent
troublé, car il va jouer une grosse partie et, s'il a pour lui tous les cœurs
droits, toutes les hautes intelligences, n'est-il pas, en revanche, exécré par
de nombreux et puissants ennemis. — Réussira-t-il seulement à être admis
en présence du Sultan, et celui-ci daignera-t-il écouter le porte-paroles des
Égyptiens humiliés?

Parler au Sultan!..... Nous ne pouvons guère nous imaginer, nous
autres occidentaux, nous autres irrespectueux, quelle importance prend
ce fait aux yeux de l'Oriental croyant. Être reçu par le Calife, par le
successeur légitime de Mohammed, par le vicaire de Dieu, et pouvoir con-
templer celui que cent millions de fidèles, depuis les frontières du Maroc
jusqu'aux îles de la Malaisie, considèrent comme leur chef suprême,
comme l'élu du Souverain Juge; c'est là une faveur dont l'attente angoisse
l'âme des plus fermes et bien souvent les fait trembler comme des petits
enfants.

D'un autre côté, le cheikh se rassurait un peu en se remémorant tout ce qu'il avait entendu au sujet de l'illustre souverain, et d'après les oui-dire il se le représentait bien comme un être très supérieur, doué d'une mansuétude infinie à l'égard des plus humbles, écoutant longuement les moindres requêtes, au fond desquelles il devinait le bon droit, et laissant à jamais sous le charme tous ceux qui avaient eu l'honneur de l'approcher une fois seulement... Enfin le fatalisme ou plutôt la résignation orientale prit définitivement le dessus chez le poète égyptien : « Il sera fait selon la volonté de Dieu! dit-il. À quoi bon ces préoccupations qui ne servent qu'à me rendre maussade et qui, malgré mon tarbouch, pourraient me faire assimiler avant peu, par mes compagnons de voyage, à quelque Anglais spleenetique, atteint d'une maladie de foie à la suite d'une intoxication prolongée de whisky et de cock-tails variés.

« Non! non! cela ne doit pas être et cela ne sera pas! »

Conférence d'Abou Naddara à bord du *Braïla*.

Et, quelques heures après, le cheikh avait déjà séduit par son intarissable verve tous les passagers du *Braïla*.

Il sut les faire compatir aux malheurs de l'Égypte, il leur conta ses propres tribulations, ses déboires sans nombre, lorsqu'il était en but à la haine d'un khédive, puis il décrivit son dernier voyage en Espagne, en Portugal et dans tout le nord de l'Afrique, et ce furent de suite des questions à n'en plus finir sur la reine-régente qui l'avait si gracieusement reçu à Madrid, sur l'empereur du Brésil qui présida l'une de ses conférences, sur des princes, des diplomates, que sais-je encore...; et le digne savant, au milieu de cette animation, de cette vie intellectuelle qu'il avait seul produite, éprouvait un repos exquis de pouvoir un moment détourner sa pensée d'une aventure hasardeuse et grosse de menaces.

.·.

Nous retrouvons le cheikh dans un petit hôtel très modeste où il est allé se loger incognito. Ce n'est pas Abou-Naddara, c'est M. James Sanua qui s'est inscrit sur le registre des voyageurs. — A la douane il a laissé saisir ses livres et ses brochures sans récriminations, car il tient avant tout à ne se faire reconnaître que lorsqu'il jugera l'heure venue.

Mais, précautions inutiles que tout cela ; un envoyé du Palais était à sa recherche et le célèbre myope fut vite découvert sous le masque du touriste épris des choses d'Orient.

Il ne lui restait plus qu'à se courber devant la volonté du *Maître* et le cheikh s'y soumettait le cœur épanoui, car il lui était dit qu'à partir de ce jour il pouvait se considérer comme l'*hôte du Sultan*. L'hôte du Sultan, c'est-à-dire un être inviolable et respecté de tous, un homme que saluent les plus hauts dignitaires et auquel le soldat en faction présente les armes comme à son supérieur. De plus, il allait être somptueusement logé dans le premier hôtel de Pera, avec pleine liberté d'y recevoir ses confrères et amis.

Enfin il avait, dès ce moment, à son entière disposition, une *mouche* impériale pour admirer le Bosphore selon sa fantaisie, de Kadi-Keul à Thérapia, et une voiture de luxe dans laquelle il parcourrait à sa guise Stamboul et le Phanar, Galata et Pera, et tous les environs jusqu'à ce coin merveilleux, les *Eaux-douces-d'Europe!*

Mais il est de beaucoup préférable ici que je cède la parole à l'excellent poète. Je transcris donc, pour ses admirateurs, ces passages originaux d'une lettre qui vint me trouver à Batavia et qui sut me faire oublier une heure la splendide contrée que je traversais, évoquant tout d'une pièce, dans mon esprit, la capitale des Padischahs. . . . .

Enfin mon ami, écrivait le cheikh, il me faudrait un volume pour vous dire toutes les prévenances dont je suis l'objet. Par exemple, je tiens à vous envoyer *in-extenso*, le récit de l'entrevue que Sa Majesté a daigné m'accorder, mais avant tout, excusez-moi si je m'abandonne une fois de plus à mon lyrisme de poète arabe. Oui, je sais parfaitement que mes phrases quelquefois, semblent cherchées, exagérées aux yeux du lecteur français ; mais vous savez n'est-ce pas, que je ne fais qu'obéir au génie de ma langue en employant des métaphores qui sembleraient hors de propos chez un de vos écrivains. Que voulez-vous je n'étais pas né pour être *reporter*. . . . .
. . . .

Je vous ai dit plus haut que le *Palais* m'avait adjoint un très aimable guide, afin de m'éviter l'ennui d'être obligé de recourir à des drogmans d'hôtel.

Il se nomme Vely-Bey et porte le titre de secrétaire-interprète-impérial. C'est un jeune homme charmant et d'une instruction hors-ligne ; vous en jugerez par ce fait qu'il parle non seulement le français comme sa langue maternelle, mais encore l'allemand avec une rare perfection, à ce point qu'il fut, entre tous, choisi pour accompagner l'empereur d'Allemagne lors de sa récente visite à notre souverain.

Mais, je reviens à mon sujet. Un mot encore pourtant. Le mardi 16, je me rendis au Palais de nouveau et je fus de suite reçu par Munir-Bey, l'intelligent secrétaire du Ministère des Affaires étrangères qui s'est créé de si vives sympathies à Paris pendant ses deux derniers voyages.

Il me réitéra que Sa Majesté tenait absolument à ce que je fusse traité comme son hôte et je ne pus que me confondre en remerciements pour cette faveur vraiment exceptionnelle.

Il me donna, de plus, l'assurance qu'avant peu de jours, j'aurais l'honneur d'être reçu par le Commandeur des Croyants en personne, qui semblait, paraît-il, s'intéresser vivement à mon œuvre de revendication.

Il me présenta aussi à Sureya-Pacha qui me fit un très gracieux accueil. Le pacha est un homme de mon âge environ, d'une correction parfaite et doué d'une grande éloquence. Je lui exposai mes idées et le but de mon voyage, je lui montrai mes lettres d'Egypte et d'Arabie et j'eus la satisfaction de me voir approuvé en tous points par le haut dignitaire qui me répondit très aimablement : « Vous réussirez peut-être au-delà de vos désirs, cheikh, mais patience ! patience ! En tous cas, je puis vous promettre que nous ferons notre possible afin que vous soyez dès vendredi, après le Selamlick, présenté à notre auguste Maître ! ». . . . .

Et trois jours se passèrent, trois jours d'impatience fébrile comme bien vous pensez, lorsque le 19, Munir-Bey vint me trouver à l'hôtel et dit ces simples mots qui firent battre mon cœur :

« Venez cheikh Effendi, nous allons à Yildiz. »

Vous décrire la joie et la fierté que je ressentis à ce moment serait chose impossible. Il me sembla que l'air devenait plus léger, le ciel plus pur, j'étais enfin comme rajeuni de vingt ans. Je vous assure que j'ai éprouvé là une de ces émotions heureuses qui font époque dans la vie.

Une demi-heure de voiture et nous arrivons au Palais . . . .

. . . .

Ici le cheikh s'étend longuement avec orgueil sur l'imposante cérémonie du Selamlick ; il me parle de ce défilé splendide, dont la description n'est plus à faire ; de ces troupes de races si différentes mais toutes unies par une même vénération pour leur empereur.

Je fus enfin reçu, continue-t-il, par Munir Pacha, grand maitre des cérémonies, un véritable Parisien d'esprit et de cœur, et qui a fait ses études en France.

Il me prit par le bras et me fit traverser de vastes salles dans toute leur longueur, puis arrivé au seuil de celle où se tenait Sa Majesté, il me dit. Saluez !

J'obéis inconsciemment, mais ne pouvant distinguer personne; je dis à mon noble introducteur : « Excellence, veuillez me conduire jusqu'auprès du Calife d'Allah, afin que je me prosterne devant lui. »

Me voici, répondit le Sultan, en venant vers moi, Il me tendit la main, que je portai respectueusement à mes lèvres, m'obligea à m'asseoir, et de suite commença l'entretien.

الموكب الهمايوني من سراية يلدنلى الى الجامع الحميدي الشريف

La cérémonie du Sélemlik.

Ici, je vous avouerai franchement, cher ami, que mon émotion m'empêcha pendant quelques instants d'articuler un mot et à ce sujet, ne me demandez pas de vous répéter textuellement ce que m'a dit Sa Majesté. Je craindrais d'altérer si peu que ce fut, le sens exact de ses paroles qui, pourtant, me resteront à jamais gravées au fond du cœur. Je ne puis non plus, quoique je l'eusse ardemment désiré, vous envoyer un portrait du Calife, qui, laissant pleine liberté aux personnes de son entourage quant à la mode européenne de la photographie, donne, en ce qui le concerne, l'exemple d'un respect scrupuleux pour la *lettre* de la loi religieuse, laquelle défend, comme vous savez, la reproduction des traits humains.

Aussitôt que je fus un peu remis, grâce à l'affabilité indulgente avec laquelle Sa Majesté daigna me recevoir, je tâchai d'exprimer dans mon langage oriental, tous les sentiments que j'éprouvais pour les faveurs inestimables qui m'étaient accordées. Nous autres Egyptiens, ajoutai-je, nous sommes ainsi que les arbres et les plantes d'Yildiz-Kiosque ; pour montrer leur reconnaissance envers la rosée qu'Allah répand sur eux, ils offrent des fruits savoureux et des fleurs parfumées à son Représentant sur la terre, le bien-aimé Abdul-Hamid, ainsi nous, pour témoigner notre gratitude à notre souverain, nous lui offrons l'amour de notre cœur et le dévouement de notre âme.

Le successeur du Prophète me répondit avec son habituelle simplicité et dans le sens que j'espérais ; mais malgré cela je n'osai réellement pas le regarder en face ; pourtant, il m'a paru de taille moyenne, avec un visage sympathique, qu'illuminent de grands yeux où rayonne l'intelligence, des yeux noirs, très doux, un peu mélancoliques ; le sourire sous la moustache bien noire, est plein de charme ; la parole calme et bien posée, attire et captive. Tout en lui respire ce tact exquis, cette bonté, qui constituent une inoubliable séduction pour quiconque est admis à l'honneur de l'approcher. Les ambassadeurs disent de lui que c'est « un merveilleux charmeur ».

L'expression n'a rien d'exagéré. Ce qui frappe surtout dans la conversation du Sultan, c'est un art délicat de deviner ce qui peut toucher son interlocuteur, ce qui peut lui être sensible et particulièrement agréable. En un instant il trouve la route du cœur et vous met à l'aise par l'intérêt réel qu'il sait prendre à tout ce qui vous touche.

Que vous dirais-je de plus, mon ami, j'ai parlé de ma patrie humiliée et des souffrances du fellah ; souffrances qui trouvent un écho, soyez-en sûr, dans la poitrine du Calife . . . . et l'audience a pris fin, mais avant de me retirer, je me suis encore hasardé à prononcer ces quelques paroles : « Je jure, par le Grand Abdul-Hamid, que mes yeux contemplent avec ravissement, et par le petit Abdul-Hamid que voici (et disant cela je présentais au souverain le portrait de mon enfant), je jure de lutter jusqu'à la mort pour la sainte cause de Votre Majesté ».

— Et quel âge a votre Abdul-Hamid? me dit en souriant le Calife.

— Quatre ans à peine, répondis-je, mais déjà il étudie avec acharnement car je lui ai promis un voyage à Stamboul dès qu'il saurait écrire.

Et le souverain ajouta avec bonté : « Très bien, cheikh, à partir d'aujourd'hui votre fils est le mien également... Je compte que vous reviendrez à Yildiz avant votre départ.....

Et après avoir une dernière fois baisé la main du sage et grand Empereur, je me retirai le cœur pénétré de reconnaissance envers mon souverain et en proie à un inexprimable ravissement.

∴

Ce que le cheikh n'a pas eu le temps de me dire, dans sa missive déjà très longue, c'est l'admiration profonde qu'il ressentit à la visite des principales écoles de la ville impériale.

Comment trouvez-vous le Palais et le Trésor? lui avait fait demander Sa Majesté. J'ai vu, répondait-il, ce que je croyais une légende des *Mille et une Nuits*, et ce qui dépasse l'imagination de tous nos poètes; mais ce qui m'intéresserait aujourd'hui par dessus tout, ce serait de parcourir les établissements d'instruction, dont chacun me parle avec tant d'éloges. — Et le Sultan donna des ordres aussitôt pour que ce vœu fut exaucé et que son hôte fut partout dignement reçu.

Abou Naddara aux Ecoles Impériales Ottomanes.

Accompagnons encore le cheikh dans la tournée qu'il entreprend, et nous voici au Lycée de Galata. Là, plus de sept cents élèves suivent presque à la lettre le programme de nos études, et tous parlent français. Le cheikh, très satisfait, adressa une petite allocution aux étudiants. « Mes amis, leur
« dit-il, aujourd'hui, je ne sais pas un mot de turc, mais je vais me mettre
« à l'étudier, je vous le promets, et j'ai cinquante-deux ans. Si l'année
« prochaine, à mon retour, j'ai fait plus de progrès en turc que vous dans
« les langues européennes, vous me devrez un cadeau, ne l'oubliez pas;
« mais, si, comme je le pense, l'avantage reste de votre côté, c'est moi qui
« vous en ferai un!..... » Et tous les auditeurs d'applaudir joyeusement.

Puis, c'est l'Ecole des Arts-et-Métiers, qu'il inspecte dans tous ses détails, et, le soir même, le Calife apprenant les réflexions élogieuses du cheikh sur cet établissement, en faisait féliciter le directeur et ordonnait qu'on distribuât des récompenses aux élèves.

En effet, le Souverain avait exigé que chaque jour, il lui fût présenté un rapport très complet relatant les appréciations que son hôte aurait cru devoir faire sur les hommes et sur les choses, et il tenait très exactement compte de ses moindres avis !

Mais du civil nous arrivons au militaire, sans transition. Le cheikh passe en revue les officiers en herbe des écoles d'infanterie et de cavalerie. On fait en son honneur une reprise des exercices les plus difficiles et l'écrivain, à ce moment, regrette un peu de ne pas être homme d'épée. Je crois pourtant qu'il n'irait pas jusqu'à dire : « Toute ma science pour un cheval. » Mais il se sent ému et fait aux jeunes gens un discours martial salué par les cris de « tchokyachah » (vive S. M. I.). Ce qui le frappe étrangement, c'est que tous ces futurs galonnés parlent français et l'une des deux langues, allemande ou russe. Au cours de ses voyages, le Cheikh a déjà visité quelques institutions similaires, mais il ne se souvient pas d'avoir jamais été témoin d'un résultat pareil.

Le lendemain, il se rend à l'École Navale, puis à l'École maritime de Commerce. Dans l'une, il prend la parole en anglais ; dans l'autre, en français, de plus en plus étonné de rencontrer partout des adolescents polyglottes, des enfants, quelquefois, qui jonglent sans effort avec toutes les difficultés des idiomes européens et du slave si compliqué.

Enfin, grâce à la toute-puissance Impériale, il est reçu jusque dans les écoles de jeunes filles où l'on salue son entrée par la marche *Hamidieh*, jouée à quatre mains. Puis, il écoute des poésies turques, arabes et persanes, commentées d'une façon charmante ; il s'extasie devant des travaux d'aiguille qu'il juge dignes de la main des fées. Bref, l'infatigable Abou-Naddara a parcouru, ou pour mieux dire, examiné en détail toutes les écoles officielles et les nombreuses maisons d'éducation populaire, dues à la vigoureuse initiative d'Abdul-Hamid et c'est en vain qu'il a cherché une seule critique à faire.............. .

.·.

Ici, le cheikh, qui vient de parcourir mon manuscrit, me reproche avec amertume d'avoir jusqu'à présent gardé le silence sur ce qu'il considère comme un des *événements* de son voyage : sur la réception particulièrement cordiale que lui fit, au palais de Thérapia, l'ambassadeur de France, M. de Montebello !

Du calme, cheikh ! Du calme ! nous y voilà . . . .

Il est inutile, je crois, d'esquisser un portrait à la plume, de faire un *instantané*, suivant l'expression nouvelle, du diplomate hors ligne qui nous a si noblement représenté pendant plus de cinq années auprès de la Sublime-Porte et auquel nous sommes redevables, en grande partie, d'avoir pu reconquérir aux yeux des Ottomans notre prestige bien longtemps éclipsé, après les désastres de l'Année Terrible.

Je ne parlerai donc que de la visite du cheikh, visite qui montre à quel point sa présence à Stamboul était considérée comme un fait important. L'ambassade était à ce moment, comme je l'ai dit plus haut, installée à sa résidence d'été, à Thérapia, le plus merveilleux coin peut-être du détroit sans pareil, et, dès que la mouche impériale amenant Abou-Naddara eut été signalée, toute la Maison, les officiers, les soldats, les cawas, vinrent se ranger sur le perron. Quelques minutes plus tard, le comte de Montebello, après avoir souhaité la bienvenue au cheikh avec sa courtoisie habituelle, lui adressa ces paroles aimables : « Je savais que vous étiez l'enfant gâté de M. Carnot, mais je vois que vous êtes de même le prince-chéri du Sultan. — Je ne suis, répondit le cheikh, que le serviteur dévoué et reconnaissant de tous les deux et j'éprouve une égale affection pour la France et pour la Turquie. » Ensuite la conversation roula sur le voyage du savant que celui-ci raconta dans ses principaux détails avec sa bonhomie charmante.

Abou Naddara allant à l'Ambassade de France à bord de la Mouche Impériale.

« Mais on vous rend des hommages très exceptionnels, presque royaux vraiment, interrompit le comte. — Sa Majesté Impériale honore en moi les Égyptiens, fit le poète, et la France dont Elle me regarde comme le garant d'amitié. — Très bien! Très bien! conclut l'ambassadeur, je ne peux que vous féliciter sur tout cela... Quant à la dernière partie du dialogue, je ne suis pas autorisé à la reproduire; que l'on sache seulement qu'Abou-Naddara remonta sur le petit vapeur de plus en plus confiant en son heureuse étoile.

.:.

De temps en temps aussi, le cheikh consacrait une matinée à d'intéressantes promenades, en compagnie de Vely-bey, et il ne pouvait se lasser de regarder . . . .

Il avait, entre autres, passé des heures entières à faire les cent pas sur le *Grand-Pont* ou *Pont de la Sultane Validé*, de plus en plus ravi au spectacle de cette foule, unique au monde par la diversité de ses éléments.

Là, ce sont des portefaix, originaires de la province de Trébizonde, qui s'avancent à grands pas, le dos courbé sous le poids de ballots énormes, et que croisent des circassiens, vêtus élégamment d'une longue tunique très ajustée. A leur ceinture pend un poignard à gaine de métal et, sur leur poitrine, brille une cartouchière bien garnie. Voici venir un grec à fustanelle blanche, à veste brodée d'or, et devant lequel s'efface un grand nègre décharné, à l'air mélancolique; voici des syriens, la tête couverte d'un mouchoir aux rayures multicolores qui rappelle vaguement la coiffure du sphynx; voici des bulgares, à l'œil sombre, avec une peau de bête jetée sur les épaules en guise de manteau; voici, à quelques pas les uns des autres, un derviche, un rabbin, un pope, un prêtre arménien et un moine latin. Puis, c'est un bataillon de la garde qui défile, superbe; c'est l'équipage luxueux d'un dignitaire, d'un pacha que tout le monde salue en s'inclinant profondément, puis en se touchant la poitrine et le front d'un geste gracieux et cela signifie : A toi mon cœur et ma pensée. Marque charmante de respect et qui est à notre coup de chapeau banal ce qu'un *Premier-Paris* est à une poésie de Sadi.

Ce sont encore des albanais, des arabes, des égyptiens, des kurdes, des représentants enfin de tous les peuples de l'Islam, venus pour admirer la ville du Grand-Seigneur.

Mais le cheikh ne s'en tient pas là; il veut tout voir et il voit tout, depuis Sainte-Sophie, dont les colossales proportions l'épouvantent, jusqu'à la mosquée d'Eyoub, la mosqué sainte par excellence, car elle est élevée en l'honneur d'un porte-étendard du prophète et l'on y conserve l'épée de l'envoyé de Dieu, que tout nouveau sultan va ceindre lors de son avènement au trône. Il court à droite, à gauche, il fait le tour classique des anciens murs, si vaillamment franchis par les guerriers de Mohammed II; il traverse le Bosphore et va se perdre en longues rêveries dans le cimetière de Scutari, forêt immense où dorment des milliers et des milliers de croyants dans la terre sacrée que foulèrent les pieds des premiers Ottomans...

Chaque soir, vers six heures, le poète se rendait au *Parc des Petits-Champs*, où l'attendait un groupe d'Égyptiens qui lui faisaient fête, et là, tout en dégustant un excellent café, il oubliait un moment et Stamboul et le Bosphore, et se plaisait à croire qu'un bienfaisant génie l'avait tout à coup transporté au Caire, au jardin de l'Esbekieh, où il avait coutume de venir à cette même heure, philosopher à perte de vue avec ses condisciples. Mais il ne tardait pas, d'ailleurs, à être rappelé brusquement à la réalité par les questions pressantes de ses compatriotes qui ne se lassaient pas de l'entendre répéter ces paroles solennelles du Calife : *Dites à mon peuple d'Egypte, aux fils de la vallée du Nil, que je ne cesse d'avoir le regard tourné vers eux et que leur délivrance occupe ma pensée!*

Puis, la cloche du Grand-Hôtel de Londres annonçait l'heure du dîner et la conversation reprenait à table, animée et joyeuse, entre le cheikh et ses confrères de la presse ottomane, qui tous semblaient s'être fait un plaisir de le couvrir d'éloges et de tenir jour par jour, leurs lecteurs au courant de ses faits et gestes.

Le soir, enfin, il se rendait au Théâtre-Français où le Sultan avait ordonné que sa place lui fût réservée, lui faisant dire qu'il remarquât combien tout ce qui est français était en faveur à ses yeux, comme auprès de ses sujets.

.·.

Mais la dernière soirée qu'Abou Naddara passa à Constantinople vaut à elle seule tout le voyage. On se souvient que le Sultan, à la fin de l'audience qu'il avait accordée au célèbre Cairote, lui exprimait le désir de le revoir avant son départ, curieux d'entendre ses impressions définitives. Une fois déjà, il avait soupé à Yildiz et le Calife, qui se tenait dans une pièce contiguë à celle où l'agape avait lieu, s'était fort diverti des improvisations brillantes de son hôte. Enfin, le 28 juin, notre cheikh prenait encore place à la table impériale, que présidait au nom du souverain, assisté de Noury Pacha, second chambellan, le Grand Maître des Cérémonies dont j'ai parlé plus haut.

Le menu de ce dîner était un mélange savant de mets turcs et français, arrosés d'un délicieux Bordeaux et de Champagne de cuvée extra ; et ce détail nous montre combien est grande la tolérance d'Abdul-Hamid, si strict observateur pour lui-même de la loi musulmane, mais excusant si bien en même temps, la faiblesse des autres.

Au dessert, Munir Pacha porte un toast au Messager du peuple égyptien et lui donne l'assurance qu'il a su trouver grâce auprès du Commandeur des Croyants, par sa franchise et sa constante loyauté.

Le cheikh, heureux et très flatté, ne sait comment exprimer en vile prose, la gratitude ressentie et, au grand étonnement des convives, il déclame cet impromptu :

> Viens dans Yildiz, Muse chérie,
> Pour dire en vers reconnaissants,
> En vers dignes de ta patrie,
> Mes affectueux sentiments.
>
> Dis combien ton humble poète
> Aime le Sultan glorieux,
> Dis combien mon cœur lui souhaite
> Et par milliers des jours heureux.
>
> Car, d'Abd-ul-Hamid, l'existence
> Est précieuse aux Ottomans.
> Heureux de leur progrès immense
> Chrétiens et Juifs et Musulmans.
>
> Allah, Dieu de Miséricorde :
> Exauce les vœux de mon cœur.
> A ton Représentant accorde
> Santé, Prospérité, Bonheur.

Au moment même où l'improvisateur se rasseyait, salué par de sonores applaudissements, un officier vint l'appeler de la part de Sa Majesté.

Ici, je cède de nouveau la parole au voyageur enthousiaste et je reproduis mot à mot cette description qu'il me fit avec la grande éloquence, très naturelle chez l'orateur et l'écrivain arabes, mais qui déroute de prime abord toutes nos idées de concision et de simplicité (pour ne pas dire de sècheresse).

« Nous voici donc, commence le cheikh, par une belle nuit d'été, une de ces nuits de là-bas, où le ciel semble pointillé de diamants ; nous voici foulant le sable de magnifiques allées, bordées de chaque côté par des buissons couverts de fleurs, bouquets énormes que l'on devine dans la pénombre et dont les senteurs exquises embaument l'atmosphère. Que vous dirai-je, mon ami, je ne suis guère botaniste et je n'ai pas cherché à savoir de quelles corolles s'exhalaient ces parfums si troublants, mais il m'a semblé, je vous l'affirme, qu'Allah, à ce moment, daignait me donner une idée du Jardin des Élus.

. . . .

« Après quelques minutes de marche, nous arrivâmes devant un kiosk tout resplendissant de feux multicolores, et je me sens ici incapable de

vous donner une idée, même approximative, de cette apparition féerique.
Je vous avoue franchement que je ne savais plus au juste si je me trouvais
sous l'empire du rêve, ou si c'était bien la réalité qui m'environnait.
Je craignis un instant que tout cela ne s'évanouît pour faire place à quelque
tableau banal de la vie journalière! Voyons! voyons! me dis-je encore, mon
âme habite-t-elle toujours l'enveloppe charnelle d'Abou Naddara, de
l'homme aux lunettes, du proscrit égyptien, ou bien quelque sorcier forçant
la roue du temps à reculer de huit siècles, me trouvé-je soudain changé en
hôte d'Haroun-Ar-Rachid à la cour de Bagdad?

« Mais non, ce n'est pas une fantasmagorie, je ne suis le jouet d'aucun
songe, et nous pénétrons en personnes très naturelles dans un petit théâtre
décoré à ravir.

« Juste en face de la scène et occupant tout le fond de la salle, se trouve
la loge du Sultan et, des deux côtés, une galerie, dont l'une est réservée
aux princesses et à leurs invitées, et l'autre, aux conviés du souverain.
C'est là que nous prenons place; on représentait alternativement des actes
d'opéras français et italiens : *Faust*, *Norma*. *le Trouvère*, etc., etc., dont
l'exécution me parut irréprochable.

Dès que le rideau tomba, après la première partie, je fus introduit dans
la loge de Sa Majesté, qui me reçut avec la même affabilité que le vendredi
précédent et m'enjoignit de lui dire très franchement quel souvenir j'empor-
tais de mon séjour dans sa capitale.

« Il m'a semblé tout à l'heure, répondis-je, que je faisais un rêve doré,
un rêve céleste! Et, que puis-je souhaiter de plus, continuai-je, j'entends des
chœurs angéliques, une musique idéale, et, enfin, ne suis-je pas devant le
digne représentant de Dieu, devant mon Maître vénéré. — Abd-ul-Hamid
sourit et me demanda où je trouvais les métaphores dont je ne semblais
jamais à court.

« C'est votre Majesté seule qui les fait naître en mon esprit, répli-
quai-je.

» En vérité! Mais pourtant aux Écoles, à ce que je sais, toutes vos
allocutions aux élèves étaient du même style.... .. et je n'étais pas là, ajoute
le grand seigneur, dont le sourire s'accentue.

« Votre image n'est-elle pas imprimée dans la prunelle de mes yeux,
m'écriai-je aussitôt, et vos accents ne résonnent-ils pas toujours à mes
oreilles? Que faudrait-il de plus pour que l'inspiration ne me manquât
jamais..... Enfin, le Calife mit le comble à sa bienveillance en me disant
qu'il serait satisfait de me voir venir tous les ans à Stamboul afin que je
fusse à même de constater les progrès de l'instruction dans ses états.

« Il m'accorda l'honneur insigne d'aller porter ses salutations à

Monsieur Carnot, puis me donna congé en me souhaitant bon voyage et arrivée heureuse dans ce beau pays de France qu'il aime profondément, car il sait combien de fois l'empire de ses aïeux a trouvé des alliés fidèles sur cette terre de braves. , ...

.˙.

Deux semaines se sont écoulées et le cheikh a repris son existence parisienne. Il met en ordre ses notes ; il récapitule minutieusement les dernières circonstances de son voyage et les visites importantes qu'il a dû faire dès son retour.

Par moments il est un peu troublé et, de même que pendant la soirée d'Yldiz, il serait tenté de se demander si tout cela est bien réel..... Mais devant lui, brille accrochée au mur, la croix de Commandeur de l'Osmanieh ; sur sa table, c'est un superbe bijou en or, une tabatière ornée de son chiffre en diamants que le Sultan lui a fait remettre le matin de son départ, à l'heure même où des députations de toutes les écoles se dirigeaient sur le chemin de fer, afin de l'acclamer..... Il a donc réussi, il a le droit de dire à ses amis d'Egypte : espérez ! ! !

Il a vu M. Carnot, puis tous ses ministres qui tous, l'ont chaleureusement félicité de l'indiscutable succès de son entreprise. Enfin, il songe encore avec admiration au peuple d'Osman. Il savait bien que l'empire d'Abdul-Hamid s'était relevé de ses malheurs, mais il n'aurait pas cru possible qu'en si peu d'années, la guérison du colosse Ottoman, nommé avec dédain par les Anglais, l'homme malade, fut à ce point complète. . . . .

Et un rapprochement se faisait dans son esprit entre ces deux grandes nations, la Turquie et la France, sa seconde patrie.

En effet, toutes deux n'avaient-elles pas eu à se défendre contre l'assaut de hordes innombrables. Les ailes noires d'aigles impériales ne s'étaient-elles pas déployées au-dessus de la terre des Osmanlis, comme au-dessus des champs de la vieille Gaule, et ne semblait-il pas aussi de part et d'autre, qu'un siècle suffirait à peine pour effacer du sol ravagé les ornières creusées par la roue des lourds canons ennemis ? . . . .

لوطنك ودينا وللدولة العلية وانا متشكر لحضرة السلطان على سلامه
في ولجنابه عندي معزة عظيمة وليترنا نجاحه وتقدم ماليكه وحشناان
يدوم الوفاق الذي بيننا تستمر المحبة بين ناسنا · ثم بعد فما مجلسي
بمغبدته زرت جناب رئيس مجلس النواب ورئيس الوزارة ووزرا الخارجية
والداخلية فسر الجميع بما بلغتهم به من حسن احوال الدولة العلية وجميل مقاصد
مولانا · اما ناظر المدارس فقد مكثت في محادثته زمناً طويلاً وذلك لانه
اواد ان اخبره بالتفصيل على احوال المدارس الثانهانية فحصل له من حلةَ
بتقديمها غاية السرور وبلغته سلام ناظر المدارس العثمانية فقال لي بان
اهدي منا به سلامه ايضاً واخبره بانه مسرور من التلامذة الذك
الملازمين مدارس باريس ما يراه فيهم من بذل الجهد في التقلم وانه معتني
بهم اشد الاعتنا ولها امل زائد في نجاحهم · وقصدت بعد ذلك زيارة
اسعد باشا سفير الدولة بباريس ومستشاره مساكك اقتدي وشكرتها
على ما بلغني عنها ما كلفنا خذا لمرها به من مدحى لدى الدولة العلية ·
وقد نشر رحلتي جميع جرائد الشرق والغرب · واختم بالحمد للمولى الكريم الذي
جعل رحلتي فالاً حسناً لقى وطني من ابدي ظماليه لاني
ارى اشتغال مولانا السلطان بطلب تحديد زمن معيناً من
الحكومة الانكليزية لاتجلاً عساكرها عن مصر كل يوم في الزيادة
فساله تعالى ان يديم لنا فضل خليفته الجليل
وتظلل الرعية بهمته وعدله هولا
يحرم وادي النيل من سيادته
عليه وحمايته
لبيه
امين

وهنّأني بالشرف بجمل سلامه الى السيد كارنو رئيس الجمهورية ثم دعاني
ودعا لي بالسلامة بوصولي الى وطني وقد رأيت ان لها موقع عظيم لديك
جنابه السامي لعله بان اجداده الكرام لم يرزوامنها واهلها سوى العلاقة
التامة والامانة الجلية . ثم في اليوم الثاني وهو يوم العودة والرجوع
الى باريس جئت حمتي زيارة ارباب الدولة الكلم وقلت لهم بواجب
الشكر على ما خولوني اياه من الاعتنا والاعتبار زمن اقامتي بالاستانة
فحينئذ سعادة نوري باشا هنّاني بالنيشان العثماني الحائز درجة الكو-
ماندور وهاداني ايضا بعلبة دخان ذهبا مرصعة بالالماس ومطرّز
عليها اسمي وجميع هذا فضلٌ ومنةٌ من مولاي الخليفة عليّ فالنيشان
قصده مكافئتي با تنوه من استقامتي وصدقي للدولة العلية والعلبة
ذكرى لجنابه السامي . وفي المساء عند توجهي رأيت بمحطة سكة الحديد
جماً غفيراً من المعلمين والتلامذة والجزنالجية واهل بلادي وبينهم ولي
بكك والدكطور صابونجي وعلي قبطان وعلي افندي درويش وغيرهم
منتظرين تودّعي ومعا فختي قبل سفري فاستودعتهم وشكرتهم على علومهم
وارتحلت على بركة المولى وبعد ثلاثة ايام وصلت الى باريس دار
اقامتي فرأيت بفضله تعالى اهل منزلي وحمتي واحبابي واصحابي الكل
في غاية الصحة التامة والسلامة العامة فاستأنست بهم وقد سرّوا
غاية السرور حيث وحمد ولي انا الاخر عدت سالماً غانماً بجبور
الخاطر وقضيت عليهم جميع ما نلته من امير المؤمنين واهل دولته
من حسن الملاقاة . ولما كان في اليوم الثاني قصدت سراية الالنيه
محل مستقر ورئيس الجمهورية العزنا ورية فحظيت منه بالاكرام كالعادة
وهنأني بالسلامة فبلغته سلام مولانا الخليفة المعظم واوردت اقصا
على جنابه قصصي فقال بلغني جميع ما الاقيته في سفرك من القبول المجتك

عند احمد الباورات يدعونا للتشرف بالحضرة الشاهانية فتمنّينا بذلك
واجبناه فربنا من وسط حدائق واشجار بدائع وازهار ذات روائح فياضة
حتى وصلنا الى قعدر مزين بانواع الزينة والوان المحاسن البهيجة للنظر
وعبرنا فيه فدهشت ما بعقب امام بعدي على حين غفلة من الدنوار
السالطمة واذا انا بتياترو غريب الانتظام كانه قطعة ذهب مرونقاً
بالجرائر والقطائف حسنة الالوان ولم اعلم الى الان لاحد ملوك
اوروبا في سراليته تياترو مثيله وهو مربع المكان فمحل جلوس مولانا
السلطان في الصدر وامامه محل تشخيص اللعب وكان جلوسنا على
اليمين فسمعنا الجانا ودوراً وانغاماً برق لها الجو الجلود وكانها
نقلت من ترنمات سيدنا داود . ولما انتهى الفصل الاول من تلك
الجانة تشرفت بدعوة مولانا الخليفة المعظم لديه فتلقاني بهذذوبيته
العذبة وسالني بان اخبره بما حملته معي تذكاراً من تختة المحروس
فقلت له . ايها السيد الجليل المنضان . فخيّل لي في هذه اللحظة الي في
حلم جالس في الجنان . اسمع نغمات الحور الحسان . لكن ارى ذلك انه
لاعلم بل عيان . ودني اجد نفسي بين يدى خليفة الرحمن . فقال . من
اين لك هذه المجازات والكنايات التي اراك دائماً تنطق بها بدون
تكلف . فقلت له . سيدي . روؤيتي للحضرة السنية مي التي تنطقني
بها فتبسم وقال . سلمنا ذلك هنا لكن كلامك في المدارس مع التلامذة
كان جميعه من هذا القبيل ومع ذلك انا ما كنت معكم هناك تنظري .
فقلت له . مولاي . مدّ لملفتك السنية مرسومة نصب عيني ولمذلك
العذبة طرق اذاني؟ حينئذٍ لم اجتز الحشمية أحرا الى الالهام ..
ولما اخذ المجلس حقه في الكلام واردن الانصراف قال لي بانه يسرّني
روؤيته ا ياي كل سنة باسلامبول لادرى فرق ازدريا و المعارف ببلاده

بنشر جميع ما كان يصدر مني من خطب وغيرها . وقد مضيت في ذلك يومين والليلة الأخيرة من إقامتي بالأستانة عادلت عندي جميع رحلتي فتفضل عليّ مولانا بالدعوة إلى العشامرة ثانية بالسراية ولما صرت هناك تلقاني منير باشا ونوري باشا وحياني وقالا لي نحن نأباُ افتدينا في مشاركتك على المائده . هذا وقد كانت المائدة في أحسن الانتظام ومضبطة بآخر الطعام وجرى الحديث عليها بكلمات مفكهة وتارة" مضحكة وعند انتهاء الطعام قام منير باشا وألقى خطبة" مضمونها ان مولانا مسرور من وجودي هنا وأن يحبه ومدح فيّ لا اقدر اذكره اقتداءُ بقول شاعرنا المصري المشهور

تسمّي كريما" ان بخلت بعرضك   ومدح نفسك ان صدقت فندم
فعندها تمت انا الأخر وقلت اشعاراً فرنساوية يراها المطلع في الجزور القرآوي بالصحيفة الثانية ومثرنا تُرجمت باللغة التركية وقدّمت الى أمير المؤمنين فسّرتها ومعناها هكذا سمعها" ،،،،
نحو يلديز اسمى يا جامل لواء الشمر . وأنشد نالطيف القواني في جبل الشكر
قواني تلقى بالوطني من القدرِ . وشرح ما بقلبي من المحبة والحنية ؛،
وسله صل يحصى ما عند شاعرك ؛ من المحبة إلى السلطان عادلك ؛
وما يتمنّى له قلب صاحبك . من الوحي ايام السعادة الابدية ؛،
لان وجود عبد الحميد الشان . هو روح الامة وعز العثمان . وماله
من الرعايا مذاهب واديان . نحي سعادة من تقدماتهم السمية ؛،،،
واسألى المولى ان يجيب دعوتي . ويقبل مطلبي ويقفي حاجتي . وبقى الخليفة العالي يا سادتي . صحة ونجاحا" وعزة" كبجومية ؛،
هذا وقد حضرت القهوة العثماني فأخذت في شربها اذ هي من اقرما دقته من القهوات لم اذكر مثيلها لما هي عليه من الاتقان وفي اثنا ذلك

سفينة فاننا ركبت الزورق الشاهاني (يرى رسم ذلك بالصحيفة التاسعة
عشر من الجزء الفرنساوي) وصحبتي ولي بكه وما زلنا سائرين على وجه
البوسفور حتى وصلنا الى دار السفارة اذ هي سراية من اجمل بنائي وضعت
على شاطي هذا البحر الذي ثانيه السفارة من كل جانب لترى بدائعه وقعوده
الشاهقة التي تدهش النظر وتحير الفكر وهو فارق بين اوروبا واسيا
وجامع شمل الممالك العثمانية . ولما وصلنا بادر اهل السفارة ملتقانا
وصاروا في صحبتي الى ديوان السفير فاستقبلني احسن استقبال وهناني
بالقدوم وما حصل لي من الشرف والاكرام من مولانا السلطان وقال لي من
باب التبسط . كنت احب انك عزيز المسيو كارنو رئيس جمهوريتنا فنظ
لكن الآن رايته انك عزيز السلطان ايضا . فقلت له . ما انا الا
خادمها ومعترف بفكري لها ومحبة فرنسا وتركيا عندي في منزلة واحدة
هذا وبعدما استقربنا الجلوس سألني عما رايته من المحاسن والتقدم
في الدولة العثمانية . فقلت . اصلح المولى الامير قد رايت ما اذهلني
وما اوهشني لاسيما تيقظ الخليفة المعظم ودرايته بدقائق الامور
واختباره بواقعها وجميل اهتمامه وبذل مساعيه في تمدن مملكته ومحبته
الى الدولة الفرنساوية ومزيد رغائيه فيها يرد منها من العلوم والفنون
والصنائع . فرايت علامة البشر والسرور قد لاحت على وجهه وقال
لي . لا عجب لما تقوله فانا فرنسا حبيبة التركك من قديم الزمان
ولعشي انه سينتج باذن المولى من هذا الوفق خير جزيل للجميع لاسيما
لوطنك وادي النيل . وتكلمنا طويلا في المسالة المعدنية وتقصي الفرع
من مقاله حتى خرجت من عنده منشرح الصدر داعيا بازدياد هذه
المحبة وتمكين هذا الوفق .: ثم جعلت همتي بعد ذلك زيادة ارباب
الجرائد التركية والاوروباوية حبي الهم منوا على بغفائلهم الواسعة

كلمات مثل ذلك :. أيها الطلاب المجدون في غرس أصول أزهار الفنون والعلوم انثروا فسوف تجنون زهورها مسرورا وعلوا وجورا كيف لا والمعارف هي القواعد وعليها المعول في جميع الممالك وقدر الانسان ما يحسنه . وهل يستوي عالم وجاهل او أعمى وبصير؟ كلّا فانتم المتخبّون دون الناس وعليكم بالاجتهاد حتى تجاوزوا من لم يرد منكم سوى التقدم وصلاح النفس وعليكم بالشكر والدعاء لمولانا الخليفة بطول العز والبقاء وتخليد الملك . فما كان من اسرع فصاحتهم بان يقولوا . سترى ما يسرّك من اتباع نصائحك في التقدم ان زرتنا في العام القابل . وهذا الذي انمى اعمالي وغرس في قلبي دوحة اليقين بان لا ريب في ان قابل الدولة العثمانية سيبلغ النهاية العظمى في العلو والرفعة . واسماء المدارس التي رايتها فهي مدرسة الجهادية والبحرية والبرية التجارية والصنائع والفنون وكذلك مدرسة غلطه سراي ودار التعليم والمدرسة الملكية ومدرسة القمر الكبرى وقد ذهلت من حسن تعديضهم بالحساب والجغرافية وزرت ايضًا مدرسة البنات الملكية بدار المعلمات وتلقوني بدق البيانو بالسلام الحميدي وطربت من سماعي انشادهن اشعارًا فارسية وتركية وعربية وتفسيرها واطلعوني على ما صنعت ايديهن اللطيفة من التطريز والنسيج وجملة من حلية النساء . وعند خروجي من هناك تفضلن علي باهداء بعضٍ من اشغالهن فحفظته تذكارًا بتقدم التعليم في الدولة العلية . ثم زرت المدارس الاهلية من الصبيان والنسان وقد ذاد ابتهاجي حيث علمت ان الاهالي مقتديون بمحاسن سلطانهم . وقد زاد مولانا السلطان بفضله علتًا بارسال هدايا الى من استرعته من التلامذة واثنى على معلمة : .: .: هذا وبعد نهو الفرجة على المدارس قصدت زيارة الكونت دومونتبيلو

بذلك . ثم سألني عما رأيته فيما رأيته من السرايات الشاهانية والكنوز
السلطانية فقلت رأيت أشياء لو كان وصف لي قبل ما النظره لكنت
أظنه خرافات من الف ليلة وليلة لكن رأيت ان ما تضمنته هذه
السرايات والكنوز شيئا أفوق العقل ولا يتصوره البلغ شاعر . انما
ما هو لي أهم وأسنى رؤية المدارس التي شاع وذاع صيتها في افواه
جميع ذوات المعرفة والاداب . فقال . لك الابهة بطوائك عليها
واكتب بهد فيما يحيي عليه من التقدم . فتمنيت شكرا له وسرى الحديث
في احتقماس مصر وبلاد العرب وصار هكذا . ولما انتهى المجلس
وأردت تقبيل الاعتاب قلت . القم بعبد الحميد الكبير الذي تشاهد
عيني بابتهاج وسرور وبعبد الحميد الصغير ما دمت حيا لكون صادقا
في الدفاع عن حقوق الدولة العثمانية وناولته صورة ابني
فنظر الى تلك الصورة وتبسم وقال . وما عمر عبد الحميد الصغير فقلت اربع
سنوات تقريبا لكنه مجتهد في التعليم حيث اني وعدته انه اذا تعلم القراءة
والكتابة احضره بين يدي مولانا . فوضع الصورة في جيبه وقال بتلطف .
ولدك من اليوم ولدي كذلك وبسطة المولى سأدعاه ..
ثم لما كان في اليوم الثاني صبني حضرة ولي بك حتى نشق على المدارس
واستمرت هذه الزيارة خمسة ايام فكنا كلما نصل الى مدرسة يتلقانا
رئيسها بالرحب والسعة ويتمشى معي ويطلعني على مفصلات الادارة
من قليلها الى كثيرها وعند مقابلة كل فرقة من التلامذة نحصل بينا
مباحثة في اللغات والعلوم التي هم في ماريستها . وما زاد تعجبي ان
وجدت بتلك المدارس من يحسن التكلم باربع لغات وهذا اشي يندر
الا في المدارس العثمانية . ومن شدة ما كان يلحقني من السرور
والفرج بتلك التلامذة ما كنت اترك مدرسة الا بعد القاء بعض

ليت شعري اين هو امير المؤمنين. واذ بجناب مولدنا الخليفة كلّفنه
الشريفة الى عنّي وقبض على يدي. وقال ها انا عبد الحميد تجلّدت
وقبّلت يده الكريمة وقلت العتب على النظر فقال لا باس واجلسني
على كرسي وامر منير باشا بالجلوس حتى يترجم بيننا فخطر ببالي مثل قديم
وهو التواضع في الشرف اشرف من الشرف فحياني تحية الملوك وهنّاني
بالسلامة وهدّى روحي بطلاقته الموصوفة التي يكل اللسان عن
تكييف محاسنها. ولما استقرّ بي الجلوس سالني عن احوال اولادي
ولمني فابتدرت بالكلام وقلت – ايها الخليفة المعظم دام لك العز
والبقاء وبلّغك المولى امنيتك وادام النجاح في دولتك وايّدك
بالنصر التّام وجعل مطالب الرعية الخيرية مقبولة لجنابك العالي.
امّا من خصوص اولادك المصريين فاني اشبّههم باشجار حدائق بلديز
المحفوظة ونباتها كلما فطر عليها النّدى تشكرت لخالقها باهداء ما تخرجه من
الاثمار اللذيذة والزهور العطرة الى خليفته العادل كذلك نحن المصريين
قياماً بالشكر لمولانا على ما انعم وتفضل بجاماته عنا ورعايته لنا لهديه
اثمارنا وزهورنا وهي معاني لجنا ورائق صداقتنا – وما همه الاّ من اضوى
جوهر انتاج العثماني وطالما هي مصونة بملاحظة عبد الحميد خان لتستطيع
الاعداء تعظيمها بظلمهم فوقع مقالي لدى السلطان موقع القبول والاستحسان
وستري بتاكيد انّ المسألة المصرية من اهم الامور لديه وولي البشاير
ورحمل بلدي بانّنا ما زلنا في لجّ الافكار العلية ومنآى فعلت ابها
السيد المنيتي راحة اولاد وطني. امّا شخصي فاني رجل درويش مقتنع
بالتقلّه من صنعتي الحوجية وعندي الجزر الناشف بالصداقة الذهبي
واعندى عن الجزر الطري بالجبانة. وازداد سروري عندما تحقّقت صدّاقتي
وما ابيت قبوله من الخيركي الخرف عن طريقي الامانة. فقال. عندي علم

بها الطباق وكرسي كسرى بديع الزمان ورأيت أخرى عليه زمردة فريدة
تبلغ في الحجم بيضة الغراب الرومي · وأقل ما تبلغ قيمة هذا المحل ثلثمائة
مليون من الجنيهات، والخاصة التي خرجت من هناك مندهشا وأسأل
نفسي هل أنا ما زلت ابا نظارة او صرت سندباد البحري الذي مذكورة
قصته في ألف ليلة وليلة · وما زال يأتيني حضرة ولي بكر كل يوم يفرضني
على ذا وذا حتى أتى يوم الجمعة المباركة الموعود بالاستئذان لي بالمثول
بين أيدي الخليفة حفظه المولى فقصدنا سرايته يلدنه · وهناك تفرجنا
على موكب صلاة الجمعة حين مرور مولانا السلطان بين صفي العساكر
المنتظمين من السراية الى المسجد مصحوباً بالامراء وارباب الدولة وخيلها
تدق ذات اليمين وذات الشمال والناس تعج بالدعاء له بدوام العز
وتخليد الملكه (ورسم ذلكك بالصحيفة الخامسة عشر من الجزء
الفرنسا وية) ولقد البهجني هذا المنظر البديع لا سيما حينما ابصرت
بين الجنود جما غفيراً من عسكرنا العربية نازلين في ارفع المنازل
ويكفينا هذا الاعتناء دليلاً على ميل افندينا بالمحبة الى اولاده
العربيين · وبعد انتهاء الصلاة وعودة مولانا بالقبول الحب
ديوانه قدموني الى حضرة منير باشا باش التشريفجية فتلقاني
بوجه بشوش رحب كحبني فسرت معه من ديوان الى ديوان وكلما
ندخل واحداً اودهش مما اراه من بديع سككك انتظام تلكك
المواضع وما عليه من الذوات والامراء اهله من اللباس الفاخر
والانتظام الزاهر وما زلنا كذلكك حتى انتهينا الى ديوان ابهى وابلغ
من الآخر وعليه الهيبة والوقار والانواع تسطع بدون مصابيح ود
شموع فقال لي منير باشا تمنى هنا ودخل أمامي وتركني وأقفأً
على الاعتاب فلفضعف بعمري صرت في حيرة بين اقدم او ما أخر وقت

الادر العالي برو ينك اياها ويوم الجمعه الآتي باذنه تعالى نزاك هنا
ونجتهد في الاستئذان للثم الاعتاب الشاهانية . فرحبت وانا مجبور
الخاطر دائرًا لسيد المكان واهله بطول البقاءُ ودوام العز والنصر
ولما كان الصباح اتاني ولي بكك بعربة من الراية ودعاني للذهاب معه
فصعبتة فقرحمني على جامع اناسوفية الموصوف ومسجد السليمانية الشريف
المعروف وعلى مساجد الخر واذ ام بالمصلّين ملاّئون ومصابيحهم وفرِوشُهم
في غاية الكمال جعلهم المولى عامرين وبالتهليل والتكبير مداومين . ثُم
بعد انقضاء زيارة المناجب قصدنا الفرجة على السرايات فابتدأنا
بسراية دلمه بغتشى . ثم بسراية بيلربه وكذا تفرّجنا على الخر اذالجح
محكمات البنيان مشيدات الاركان قد صرف في فروشانهم الغايات
والدلوق لم ار لانتظامها مثلا » فيما جُزته من العاصمات الاوروباوية .
وفي اليوم الثاني تفرجنا على دار التحف الحديثة اذهي قد رتبت من
تحائف اخزفت في قالب الجمال اينما حلّيت لاترى لها مثال مفيدة لطالب
علم النواريخ وممارسة الصنائع والفنون فاثنين على مديريها وطربت من
ذكاء عقولهم حيث ادوا واجبهم طبق الادارة السلطانية ثم انتقلنا
الى دار الغنى المكنية بالكنوز الهمايونية والتفرج على ما في هذا المحل ليس
مباحًا لمطلق الناس بل الدخول فيه لا يتأتّى الاّ بامرعالي الحرشتخم هيّيّن
هذا وقد اصطفت الخزائر صفين وتلقانا امين الكنوز بالرحب وفتح لنا
الباب فعبرنا بين الصفين والجنا تلك الاماكن المرصعة بما حوته من
الاحجار الثمينة التي تُسمع بها الاذن ولم تراها العيون الاّ في الكتب نولد
الزمان . لبس لي عقل اصف الاّ ما استشهله . رايت تيجان من سلف
من الملوك العثمانية وسيوفهم مرصعة بالجواهر النفيسة التي لا تقوّم
فضلًا عمالهم من الاحجار الثمينة الماس وياقوت وزمرد وغيره المملوء

المشرقيين القاطنين بدار الخلافة وهنوني بالسلامة وقاموا في مقام الاستعداد
لجميع لسوري فشكرتهم على جمائلهم وقلت لازال الخير والألفة والمحبة شائعتين
بيننا فقضوا زيارتهم ودعوالي بالنجاح في مقصدي الخيري   وفي اليوم الثاني
قد اتاني احد معاوني السراية وقال لي كيف علمنا أنك ستصل هذا اليوم
وقصدنا مقابلتك بناءً على الأمر العالي   فقيل لنا أنك وصلت امس
ولأن قد اتيت في طلبك فان شئت فتفضل معي الى المابين   فتوجهت
معه حتى وصلنا الى السراية   (رسمها في الصحيفة الخامسة من الجزء الثاني)
وكان اول من تصفحت وجهه سعادة منير بك باشا كاتب نظارة الخارجية
الشاهانية فتلقاني احسن الملتقى وقال لي بأني ضيف مولانا السلطان
وأنه أمرلي أيد المولى ملكه   بمسكن فاخر في مسافر خانات العاصمة
المحروسة وعربة جميلة وزورق شاهاني للتفرج براً وبحراً   كذا امر
بمصاحبتي بمحضرة ولي بك الأديب البارع احمد كتابه المحترمين وقد
كان هذا الشاب الظريف عين لمصاحبة امبرلمور المانيا حين أتى لزيارة
افندينا الجليل   وقدمني الى دولتلو ثريا باشا باش كاتب سر الخليفة
المعظم   ولما خاطبت جنابه وجدت منه علماً غزيراً وعقلاً رفيعاً
وأن اسمه موضوع على مستى   فالتمست منه ان أرسل الى الأعتاب الشاهانية
مع تقديم الشكر لمولانا على ما غمرني به من جزيل النعم وجميل الأحسان
وأن كنت لست اهلاً لذلك والى مسرور لهذه المقابلة المنبئة بحب
جنابه لأهل معد الكرى انا من طرفهم لولاءً واجبات الاحترام وصدق
توجيه أمالهم نحوه فقال لي لك حسن مقاصدك وزيادة   وأفندينا
مسرور من مجيئك وأن شاء المولى تحظى بالمقابلة وتشرح لسموه
العالي حال المهدرين . وماهو عليه من الرحمة والشفقة وحبة لرعيته
معلوم . فانت اغتنم التفرج على السرايات والكنوز السلطانية لأنه قد صدر

العاشرة من الجزو الفرنساوي مرسومٌ) فلمّا وصلت الى مارسيليا تقابلت
ببعض المعارف فمكثوا معي حتى ركبت والبور البحر القاصد نحو الاستانة
العلية وسرنا على بركة مسهّل الامور ولما توسّطنا البحر كان هادياً يكاد
الناظر اليه ان يرى قاعه من صفاه واستمر على هذه الحالة الجميلة مدة
السفر البالغ قدره اسبوعاً كاملاً وشموس النهار واقمار الليل وكواكبه
ما انفكوا ضاحكين ومبتسمين والريح طيبة حتى قال الركاب انهم لم يروا
سفراً مثل ذلك واللهمني المزراح الذي كان متوليا عليهم ان النشي
ابياناً فرنساوية القبتها كفخدتهم وهي مدع في مولدنا السلطان الجميل لفخامته
وقوة عزمه في انقاذ اولاده المصريين من مخالب الاجانب فالبهجاب سمعها
ودعاهم ذلك الى طلبهم من القبطان انعقاد جمعية حتى اقصى عليهم
شيئاً من عوائد العرب والعثمانين ومالهم من حسن الخصال دلعلاء مرتبهم
من بديع المقال فاجبتهم على ذلك (كمابرى القاري في الرسم الصحيحة
من الجزو الفرنساوي) فلمّا صدرت مندباً بين الجمع رايت من نفسي سرورٌ
ونشاطاً واقتنى الذكرى وسهلت لي اسباب التكلم وساعدتني القريحة
فقلت وتكلمت بشيء لم اعهده مني في غير تلك الساعة فهلل الجميع
عند سماع قصصي وكادوا يطيرون من الفرح فقلت كل خير من فضل
ربي لانه هو الذي اللهمني ما حدثته وامال نحوي القلوب بالقبول
والمحبة .ثمّ في صباح اليوم الثامن وصل الوابور الى الاستانة العلية
لا زالت محمية بعناية ربّ البرية فتطلعت يميناً وشمالاً فلم ار الّا
فلك حصينة وسرايات بديعة وسفن عظيمة من جميع الاقطار رافعة
اعلامها تعظيماً لذكرى الدولة السامية فسمت المولى وقلت ما البهج
تلك النوارق حمى مولانا تلك الديار وزاد في علو شانك صاصدهنا
هنا وقد نزلت باحد الخانات الصغيرة بهية فبادر لزيارتي بعض الاخوان

أيها الإخوان . إبتدي الآن بما وعدت وهو أني بلد مدح ولا رثاء أحب
وطني وأهله وأحب من يحبه وأكره من يكرهه ومن أراد له سوءٌ فلله مني
بذل الجهد في كفة ما أراد . ولا يخفى على إخوتكم أن حال الوطن الآن بالنسبة
لما هو عليه غير مسرّ وفكري دائماً البحث على الوسائل المذيّبة عنه وما رأيت
أعظم مدافعة ولا أنجح تقدم لخلوصه من أيدي غازريه إلا النزول بسيد
الوارث الحقيقي وهو مولانا الخليفة المعظم لا زال محفوظاً بعناية مولاه إلى
بلد الأبد . وعندي هذا الاشتغال في رأسي ليلاً ونهاراً وما اشمخرّت
ليلة وأنا نائم الآن رأيت نفسي في دار الخلافة متمثلاً بين أيدي أمير
المؤمنين أشكو له ما هو ملاقي وطني من الشدّة والكرب وما فيه أهله
من الضيق والكدر وصرت أستعين به على عتقه . فرقّ مولانا الحالي
ورثى لشكواي لما رأه مني من التذلل والتقدم إليه وقال لا يشكّنّ أنّ
هذا صادر من قلب خالص ومحبة للوطن صادقة . وقال لي . لكه
مطلبك ولا بد أن شاء المولى من الفرج قريباً ولا تياس من فضل ربها .
وبينما أنا أتقدم إلى الخليفة وهو يعدني أن تيقظت فوجدت نفسي
في فرش دبيتي وهذا ما كان يقظة بل حلماً . فقلت وشفاء أريد ذلك
أن يكون حقيقة لا تخيّد . ولما أصبح الصباح رقت ما رأيت بحروفه
في جريدتي ونشرته فاستبشر قرأه منه وتشاوروا على البعض ما رأيته من
الإعلام في ميزان الإعلام والتوجه نحو الاستانة وقصد السلطان والنزول
به كما فعلت منامًا . فقصدت متردد بين الأتباع شورتهم وعدمها ومضى
على أكم يوم في ذلك . وفي يوم أصبحت دريت من نفسي النشاط والهة
في التوجه إليه حبًا في خلوص بلدي من أيدي ظالميها . واستعديت
وأخذت ما يلزم لي وتوجهت إلى محطة السكة الحديدية وجيني أهل بيتي
وأنباد وطني المقيمون بباريس وغيرهم من الإخوان ليرى ذلك بالصحيفة

في صحيفات حتى ترك الأحباب فقلت قد نشرتها الجرائل والجرائد وكتبتها ايضا
في جرنالي فارى ان لا حاجة لتكرار ذكرها لا سيما ان لي اشغالاً زيادة
على طاقتي تمنعني من الاشتغال بكتابتها · فقال لي ان اذنت لي في تأليفها
اجريه بغاية المحبة ومن المعلوم انه سيكون بلغتي حتى يقرأه كل اوروباوي
ويعلم ما للسلطان من المحبة والتولع في تقدم دولته وتمدن رعاياه ــ
وازدياد ثروتهم · فرأيت ذلك منه جميلة وشكرته عليها وقلت له
شأنك وما تريد واعطيته جميع تفصيلات الرحلة · فالشهر الــ
وقد اتاني بها مكتوبة بعد مضى عشرين يوم فمررت عليها اذ هي في قالب
الانتظام فاثنيت عليه لحسن مساعيه وجميل قصده ومدحه في خصالنا
وعوائدنا فقال لي لم اسطر في كتابي هذا جميع ما وجدته مما عند
ابناء الشرق واريد تأذن لي ايضا بطبعه فاجبته على طلبه فقال لي ·
لي عندك حاجة اخرى واطلبك ان لا تخيب املي فيها فقلت له بجيلتى
هذا قد استعبدتني ولا اظن اني ارد سؤالك في شيٍّ ما · فقال لي الحق
عند قوله وكل الذي كتبته هذا بالفرنساوي لاشهره عند جميع الاوروباويين
كذلك اطلب منك ان تجعله باللغة العربية ليسر به كل مؤرخ ولعله
يتأتى باسوتك بالمدافعة عن الامة العربية وان كنت لست مستعداً ·
لعمله بدائرة واسعة فاهتمه ما امكن ولو في وريقات قليلة ·
الامر وما فيه ان تصنع شيئاً يبنى بسيط ذهنك نحو الاستنالة
حتى الجعة بوريقاتي ويصير كتاباً واحداً ويكون مفيداً للعرب والعجم
ولعله يكون فيه خير على اتحاد الالسن والقلوب نجحت من قوله ·
وارضني حسن معانيه ان اجيبه وشرعت في تسطير الرحلة على هذا
المنوال المختصر وفرغته في قالب سهل العبارة لم التزم فيه سجعاً
ولا تعقيداً حتى يكون للقارئ هذا مروحاً لا معنفاً ·············

ما عداه من البلاد وليست زيارته إياه مجرد مرور بل يقيم فيه الأشهر العديدة ولم يبرح مختلطاً بأبناء وطننا زمن مكثه به ومن حبه فينا وفي عوائدنا باذلاً جل همته في تعليم لغتنا ويؤثر لوجهها اليوم قبل غد ويكرم دين الاسلام والقرآن المجيد . وولعي في معرفة هذا الفرد وفي البارع منذ اربع سنوات وبسبب المعرفة عجيب وأمره غريب احب تأميله هنا فيُعرف وهو انه قبل هذه المدة باشهر بينايتشي ذات يوم في شوارع القاهرة مع احد المصريين اذ باحد باعة الجرائد اقترب منه وقال له . هل رمضان !! فاجابه المصري نعم وناوله قطعة فضة والبياع اعطاه ورقة خفية» فالقطها في جيبه واستمرا في مثيها . فاستغرب المسيو الفريد مثر لهذا الامر وسأله عن المعنى فقال له ان عندنا جريالاً حل موضوعه في الذب عن الحقوق والمساعدة لاهلها ممنوع دخوله هنا والممنوع مرغوب . فمع شدة المحافظة والحجب فيصل الى داخل المدينة ويباع في وسطها سراً» . وقول البياع . رمضان . يعني هل يلزمني نظارة زرقاً . وهذا اللفظ سمة الجريال لقب باسم صاحبه البونطاك قالين بباريس نعي من هنا لمدافعته عن الوطن واهله . فحفظ ذلك المسيو الفريد مثر في ذهنه حتى عاد الى باريس ومسائل من مسكني وتقرف لي وابنتي في تعليم العربي معي وفهمت من اختلاطه لي انه بالف المصريين حتى في الغربة . واستمر تردده على فصل الصيف من كل سنة حتى لما كان في العام ١ الماضي وسافرت الى الاستانة العلية وكان ذلك في غيابه كاتبته منها الى باريس لعلمي ان جوابي يُرسل اليه حيث كان . ولما كانت سياحته في اربعة اركان الدنيا واستمر سنة كاملة فيها دار جوالي خلفه من بلاد الى اخرى حتى ظفر به في بلاد الصين وبهذا المكتوب كنت ذكرت له رحلتي وعند عودته اتاني منزلي وهنأني بالسلامة وهنيته انا الاخرى بها وقص كل ما منا على صاحبه ما لاقى في اسفاره وقال لي لماذا لم تكتب رحلتك هذه

قال ابو نضارة :: نحمدك يا بديع الصنع ويا جزيل الفضل على ما اولتنا به من النعالم التي لا نستطيع القيام بواجب شكرها . سخرت لنا القلوب بالمحبة ووجهت نحونا العالم الاوروباوي بالملاحظة القلبية لاسيما الدولة الحبيبة الفرنساوية التي لم تزل اليفة النقدم لجيج ادم خصوصا للامة الاسلامية وصداقتها مع الدولة العلية لا نستغني وجدها في انجلد الانكليز عن وادي النيل ونحايته لاهله اقوى دليل على نمام الصدق وصدق المودة واولادها ساسون بدولتهم ومشمرون عن ساعد الجهد في اقتدائهم من الشرقيين ومن الاختلاط بهم حتى تتسع دائرة المحبة وتروج اسباب المتجر التي عليها مدار حياة النفوس وثروة الامم ومن البراهين الموبانة لذلك السير الغزلي للمتر وهو من الرجال امعان الدراية والمعرفة . سماع اقطار الارض طولها والعرض . اما تردده على زيارة وادي النيل كل عام فهي ابلغ

رحلة

إلى نظارة

بالأستانة العلية

في شهر

ذى القعده

سنة ١٣٠٨

طبع بباريس في شهر رجب سنة ١٣٠٩

www.ingramcontent.com/pod-product-compliance
Lightning Source LLC
Chambersburg PA
CBHW061309050726
47594CB00004B/1625